Ma COULEUR préférée
BLANC

Un livre de la collection Les racines de Crabtree

AMY CULLIFORD

CRABTREE
Publishing Company
www.crabtreebooks.com

Soutien de l'école à la maison pour les parents, les gardiens et les enseignants

Ce livre aide les enfants à se développer grâce à la pratique de la lecture. Voici quelques exemples de questions pour aider le lecteur ou la lectrice à développer ses capacités de compréhension. Les suggestions de réponses sont indiquées en rouge.

Avant la lecture

• De quoi ce livre parle-t-il?
- *Je pense que ce livre parle de la couleur blanche.*
- *Je pense que ce livre parle des choses qui sont blanches.*

• Qu'est-ce que je veux apprendre sur ce sujet?
- *Je veux savoir quels animaux sont blancs.*
- *Je veux apprendre les différentes nuances de blanc.*

Pendant la lecture

• Je me demande pourquoi...
- *Je me demande pourquoi la neige est blanche.*
- *Je me demande pourquoi certains nuages sont blancs.*

• Qu'est-ce que j'ai appris jusqu'à présent?
- *J'ai appris que certains chiens sont blancs.*
- *J'ai appris que la neige qui tombe du ciel est blanche.*

Après la lecture

• Nomme quelques détails que tu as retenus.
- *J'ai appris que les ours polaires sont blancs.*
- *J'ai appris que je peux trouver beaucoup de choses blanches dans la nature.*

• Lis le livre à nouveau et cherche les mots de vocabulaire.
- *Je vois les mots **ours polaire** à la page 6 et le mot **nuage** à la page 8.*

Je vois du blanc.

Je vois de la
neige blanche.

Je vois un **ours polaire** blanc.

Je vois un **nuage** blanc.

Je vois un
chien blanc.

Vois-tu du blanc?

13

Liste de mots

Mots courants

blanc	je	tu
chien	la	un
de	neige	vois
du		

La boîte à mots

nuage   **ours polaire**

Je vois du blanc.

Je vois de la neige blanche.

Je vois un **ours polaire** blanc.

Je vois un **nuage** blanc.

Je vois un chien blanc.

Vois-tu du blanc?

Ma COULEUR préférée
BLANC

Autrice : Amy Culliford

Conception : Rhea Wallace

Développement de la série :
James Earley

Correctrice : Janine Deschenes

Conseils pédagogiques :
Marie Lemke M.Ed.

Traduction : Annie Evearts

Coordinatrice à l'impression :
Katherine Berti

Références photographiques :
Shutterstock : Eric Isselee :
couverture; Marina.Martinez :
p. 3; Stoatphoto : p. 4, 5; Andrej
Prosicky : p. 7, 14; Ratchat : p. 9,
14; Plga Ovcharenko : p. 10; Ranta
Images : p. 13

Crabtree Publishing Company

www.crabtreebooks.com   1-800-387-7650

Imprimé au Canada/062021/CPC

Publié aux États-Unis
Crabtree Publishing
347 Fifth Avenue
Suite 1402-145
New York, NY, 10016

Publié au Canada
Crabtree Publishing
616 Welland Ave.
St. Catharines, Ontario
L2M 5V6

**Catalogage avant publication de
Bibliothèque et Archives Canada**
Titre: Blanc / Amy Culliford ; texte français d'Annie Evearts.
Autres titres: White. Français.
Noms: Culliford, Amy, 1992- auteur.
Description: Mention de collection: Ma couleur préférée
    | Les racines de Crabtree | Traduction de : White. |
    Comprend un index.
Identifiants: Canadiana (livre imprimé) 20210258934 |
    Canadiana (livre numérique) 20210258950 |
    ISBN 9781039601192 (couverture souple) |
    ISBN 9781039601208 (HTML) |
    ISBN 9781039601222 (EPUB) |
    ISBN 9781039601239 (livre numérique avec narration)
Vedettes-matière: RVM: Blanc—Ouvrages pour la
    jeunesse. | RVMGF: Documents pour la jeunesse.
Classification: LCC QC495.5 .C855514 2022 |
    CDD j535.6—dc23